Impressum
Verlag: BABADADA GmbH, Nedderfeld 112 , 22529 Hamburg
Geschäftsführer / Verlagsleitung: Harald Hof
Druck: Books on Demand GmbH, In de Tarpen 42, 22848 Norderstedt

Imprint
Publisher: BABADADA GmbH, Nedderfeld 112 , 22529 Hamburg, Germany
Managing Director / Publishing direction: Harald Hof
Print: Books on Demand GmbH, In de Tarpen 42, 22848 Norderstedt, Germany

мактаб

škola

синф
klassnaâ komnata
тақсим кардан
delit'
186/2
тахтаи синф
doska
škol'nyj dvor
муаллим
učitel'
коғаз
bumaga
навиштан
pisat'
ручка
ručka
мизи хатнависӣ
pis'mennyj stol
ҷадвал
linejka
китоб
kniga
талаба
učenik

ҷузвдон

ranec

қаламдон

penal

қалам

karandaš

қаламтезкунак

točilka

хаткуркунак

lastik

блокноти расмкашӣ

al'bom dlâ risovaniâ

расм

risunok

мӯқалами рассомӣ

kistočka

қуттии рангҳо

korobka krasok

қайчӣ

nožnicy

ширеш

klej

дафтари машқ

tetrad'

вазифаи хонагӣ

domašnââ rabota

рақам

cyfra

ҷамъ кардан

pribavlât'

кам кардан

vyčitat'

зарб задан

umnožat'

ҳисоб кардан

sčitat'

ҳарф

bukva

алфавит

alfavit

hello

калима

slovo

матн

tekst

хондан

čitat'

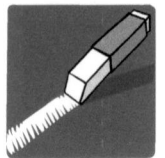

бӯр

mel

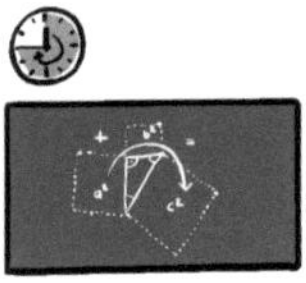

дарс

urok

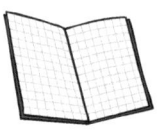

журнали синфӣ

klassnyj žurnal

имтиҳон

èkzamen

шаҳодатнома

diplom

либоси мактабӣ

škol'naâ forma

таҳсил/маориф

obrazovanie

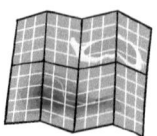

энсиклопедия

èncyklopediâ

донишгоҳ

universitet

микроскоп (more frequentiy used)

mikroskop

харита

karta

сабади партофҳои коғазӣ

korzina dlâ bumag

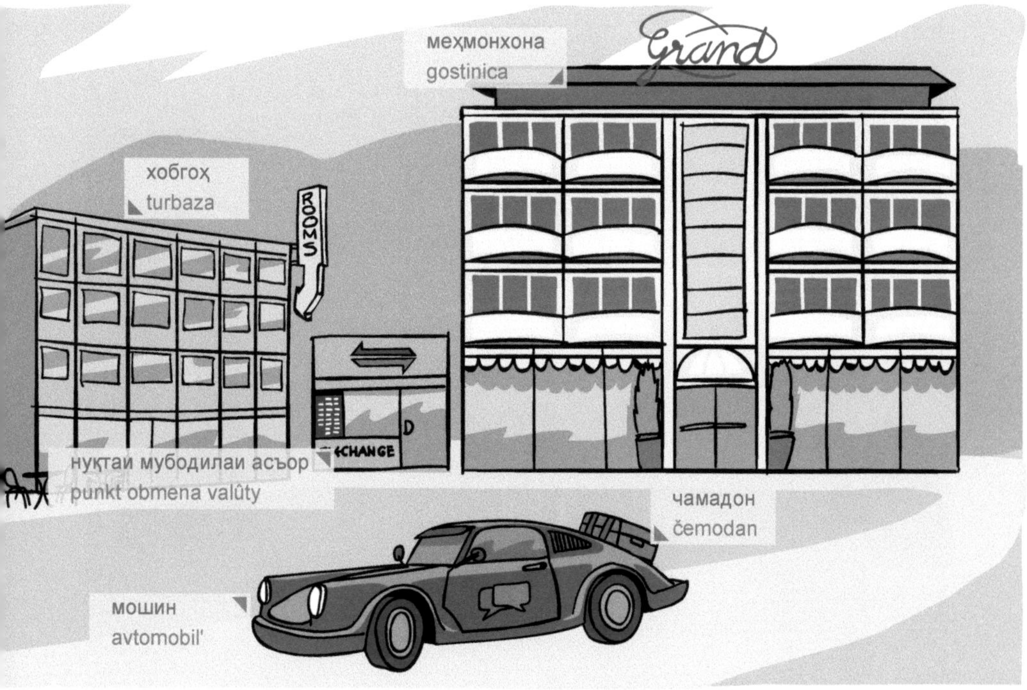

мехмонхона
gostinica

Grand

хобгоҳ
turbaza

ROOMS

нуқтаи мубодилаи асъор
punkt obmena valûty

EXCHANGE

чамадон
čemodan

мошин
avtomobil'

забон
âzyk

ҳа / не
da / net

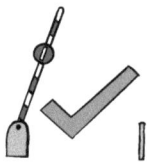

Хуб
horošo

Ассалому алейкум
Privet

тарҷумон
perevodčik

Раҳмат
Spasibo

чӣ қадар аст ...?

Skol'ko stoit...?

Ман намефаҳмам

Â ne ponimaû

проблема

problema

шаб ба хайр!

Dobryj večer!

субҳ ба хайр

Dobroe utro!

шаби хуш

Dobroj noči!

хайр

Do svidaniâ

равона

napravlenie

бағоҷ

bagaž

ҷузвдон

sumka

борхалта

rûkzak

меҳмон

gost'

хона

komnata

хобхалта

spal'nyj mešok

хайма

palatka

маълумоти сайёҳӣ

turističeskaâ informacyâ

соҳил

plâž

корти кредитӣ

kreditnaâ kartočka

наҳорӣ

zavtrak

хӯроки пешин

obed

хӯроки шом

užyn

чипта

bilet

марка

počtovaâ marka

лифт

lift

сарҳад

granica

Гумрук

tamožnâ

сафорат

posol'stvo

раводид

viza

шиносномa

pasport

наклиёт

transport

тайёра
samolët
кишти
korabl'
мошини сӯхторхомӯшкунӣ
požarnyj avtomobil'
автобус
avtobus
мошини боркаш
gruzovik
қаиқи моторӣ
motornaâ lodka
дучарха
velosiped
мошин
avtomobil'

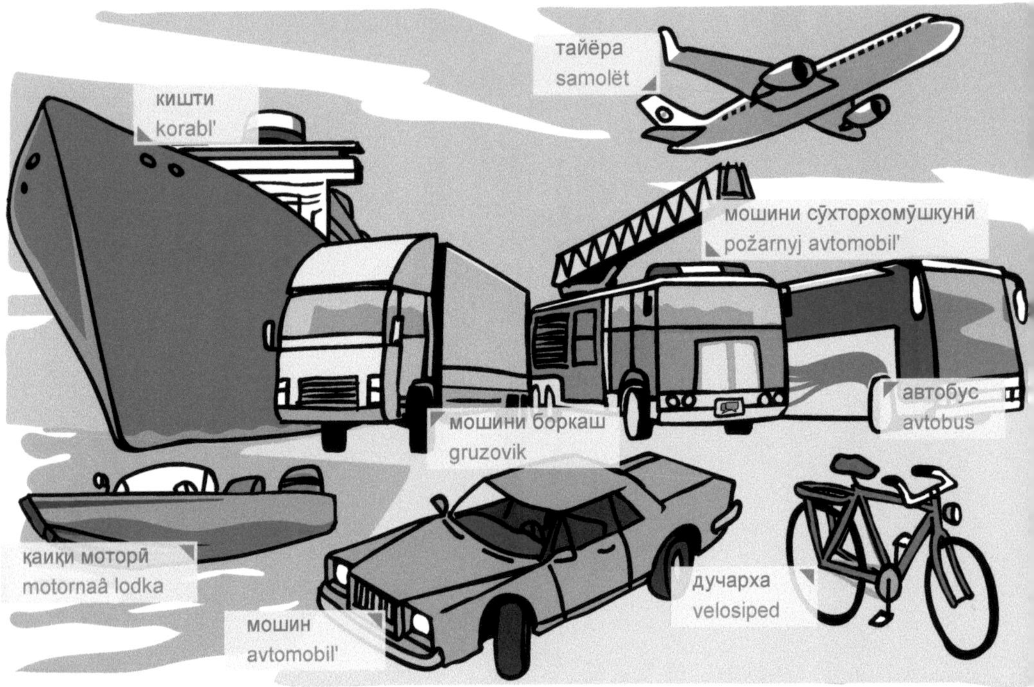

паром

parom

қаиқ

lodka

мотосикл

motocykl

мошини полис

policejskij avtomobil'

мошини тезрави пойгаи

gonočnyj avtomobil'

кироям мошинҳо

arendovannyj avtomobil'

ҳамроҳ истифодабарии
мошин

sovmestnoe pol'zovanie
avtomobilâmi

эвакуатор

buksirovočnyj avtomobil'

павтовҷамъкунӣ

musorovoz

муҳаррик

dvigatel'

сӯзишворӣ

toplivo

нуқтаи фурӯши сӯзишворӣ

zapravka

аломати роҳ

dorožnyj znak

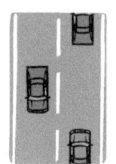

ҳаракат

dviženie

бандшавии ҳаракати роҳ

probka

ҷои исти мошинҳо

avtostoânka

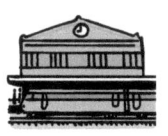

истгоҳи роҳи оҳан

vokzal

роҳи оҳан

rel'sy

қатора

poezd

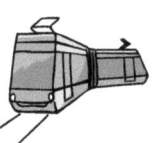

тамвай

tramvaj

вагон

vagon

чархбол

vertolët

фурудгоҳ

aèroport

манора

vyška

мусофир

passažyr

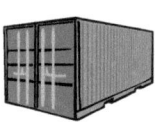

контейнер

kontejner

щутии картонӣ

korobka

ароба

teležka

сабад

korzina

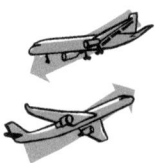

гирифтан / замин

vzletat' / prizemlât'sâ

шаҳр

gorod

деҳа

derevnâ

маркази шаҳр

centr goroda

хона

dom

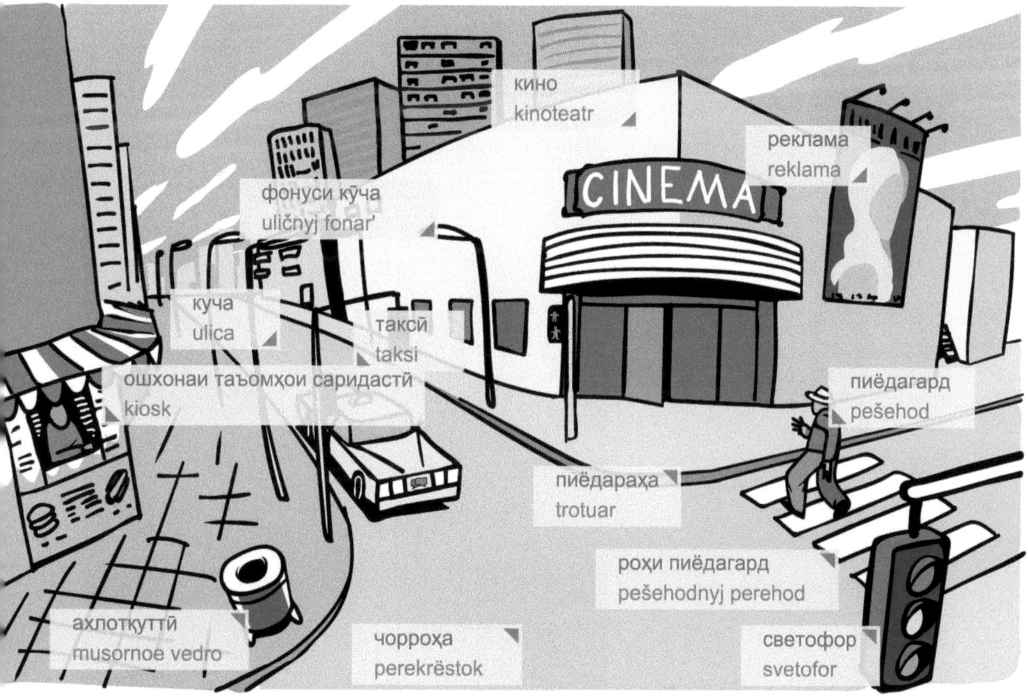

кино
kinoteatr
реклама
reklama
фонуси кӯча
uličnyj fonar'
куча
ulica
таксӣ
taksi
ошхонаи таъомҳои саридастӣ
kiosk
пиёдагард
pešehod
пиёдараҳа
trotuar
роҳи пиёдагард
pešehodnyj perehod
ахлотқуттӣ
musornoe vedro
чорроҳа
perekrëstok
светофор
svetofor

кулба

hižyna

ҳамвор

kvartira

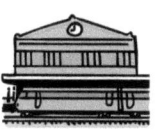

истгоҳи роҳи оҳан

vokzal

бинои маъмурияти шаҳр

ratuša

осорхона

muzej

мактаб

škola

донишгоҳ

universitet

бонк

bank

бемористон

bol'nica

меҳмонхона

gostinica

доухона

apteka

идора

ofis

сехи китоб

knižnyj magazin

сехи

magazin

мағозаи гулфурӯшӣ

cvetočnyj magazin

супермаркет

supermarket

бозор

rynok

универмаг

univermag

мағозаи моҳифурӯшӣ

torgovec ryboj

маркази савдо

torgovyj centr

бандар

port

парк

park

бонк

skamejka

пул

most

зинапоя

lestnica

метро

metro

нақби

tonnel'

истгоҳи автобус

avtobusnaâ ostanovka

бар

bar

тарабхона

restoran

қуттии почта

počtovyj âŝik

аломати номи кӯчаҳо

tablička s nazvaniem ulicy

ҳисобкунаки исти мошинҳо

parkometr

боғи ҳайвонот

zоopark

ҳавзи шиноварӣ

bassejn

масҷид

mečet'

ферма

ferma

ифлоскунӣ

zagrâznenie okružaûŝej sredy

қабристон

kladbiše

калисо

cerkov'

майдончаи бозӣ

detskaâ ploŝadka

маъбад

hram

ландшафт

landšaft

барг
list

аломати роҳнамо
dorožnyj ukazatel'

роҳ
doroga

алафзор
lug

санг
kamen'

дарахт
derevo

сайёҳ
putešestvennik

дарё
reka

алаф
trava

гул
cvetok

водӣ

dolina

кӯҳ

gora

кул

ozero

беша

les

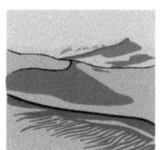

биёбон

pustynâ

вулкан

vulkan

қалъа

zamok

рангинкамон

raduga

занбӯруғ

grib

дарати нахл

pal'ma

хомӯшак

komar

паридан

muha

мурча

muravej

занбур

pčela

тортанак

pauk

гамбӯсак

žuk

қурбоққа

lâguška

санҷоб

belka

хорпушт

ež

харгӯш

zaâc

бум

sova

парранда

ptica

мурғи қу

lebed'

хуки ваҳшӣ

kaban

оҳу

olen'

гавазн

los'

сарбанд

plotina

турбина шамол

vetrânoj generator

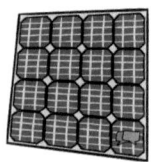

панел офтобӣ

solnečnaâ batareâ

иқлим

klimat

тарабхона
restoran

пешхизмат
oficyant
меню
menû
курсӣ
stul
шӯрбо
sup
Pizza
picca
асбобу анҷоми хӯрокхӯрӣ
stolovye pribory
дастархон
skatert'

стартер/корандоз
zakuska

хӯроки асосӣ
glavnoe blûdo

десерт
desert

нӯшокиҳои
napitki

таъом
eda

шиша
butylka

Хӯроки Тез Таёр мешуда

fastfud

хӯроки кӯчагӣ

uličnaâ eda

чойник

čajnik

шакардон

saharnica

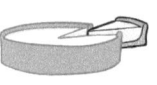

қисм/порча

porcyâ

мошини espresso

kofevarka

курсии кӯдакона

detskij stul'čik

ҳисоб

sčet

зарфмонак

podnos

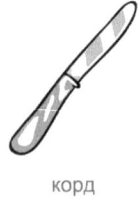

корд

nož

чангол

vilka

қошуқ

ložka

қошуқча

čajnaâ ložka

сачоқи қоғазӣ

salfetka

истакон

stakan

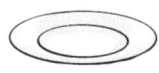

табақча

tarelka

косача

supovaâ tarelka

тақсимча

blûdce

соус

sous

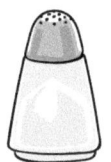

намакдон

solonka

мурчдон

mel'nica dlâ perca

сирко

uksus

равғани растанӣ

maslo

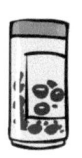

приправа

specyi

кетчуп

ketčup

хардал

gorčica

майонез

majonez

супермаркет
supermarket

пешниҳоди махсус
specyal'noe predloženie
FOR
мизоҷ
pokupatel'
шир
moločnye produkty
мева
frukty
аробача
teležka dlâ pokupok

дукони гӯштфурӯшӣ

mâsnoj magazin

дукони нонфурӯшӣ

pekarnâ

баркашидан

vzvešyvat'

сабзавот

ovoŝi

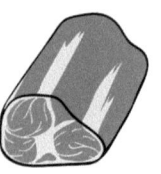

гӯшт

mâso

хӯроки яхбаста

bystrozamorožennye produkty

тилимҳои борик буридаи гушт

narezka

озуќаворї консервонидашуда

konservy

хокаи либосшӯӣ

stiral'nyj porošok

ширинӣ

sladosti

асбоби рӯзгор

predmet domašnego obihoda

воситаҳои тозакунанда

moûŝee sredstvo

фурӯшанда

prodavŝica

касса

kassa

кассир

kassir

рӯихати харидкунӣ

spisok pokupok

соат ифтитоҳи

vremâ raboty

ҳамён

bumažnik

корти кредитӣ

kreditnaâ kartočka

ҷуздо

sumka

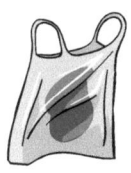

пакет

poliètilenovyj paket

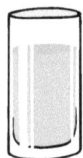

нӯшокиҳои

napitki

об

voda

шарбат

sok

шир

moloko

кола

koka-kola

шароб

vino

оби ҷав

pivo

машрубот

alkogol'

какао

kakao

чой

čaj

қаҳва

kofe

эспрессо

èspresso

каппучино

kapučino

банан

banan

себ

âbloko

норанҷӣ

apel'sin

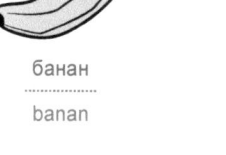

харбуза

arbuz

лимӯ

limon

сабзӣ

morkov'

сир

česnok

бамбук

bambuk

пиёз

luk

занбӯруғ

grib

чормағз

orehi

угро

lapša

спагеттӣ

spagetti

биринҷ

ris

салат

salat

картошкаи қоқак

kartofel' fri

картошкабирён

žarenyj kartofel'

Pizza

picca

гамбургер

gamburger

бутербурод

sèndvič

шнитсел

šnicel'

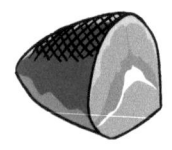

гӯшти намакардаи хук

vetčina

ҳасиби салямӣ

salâmi

ҳасиб

kolbasa

мурғ

kurica

кабоб

žarkoe

моҳӣ

ryba

ярмаи ҷав

ovsânye hlop'â

омехтаи ғалладонагӣ

mûsli

ярмаи ҷуворимакка

kukuruznye hlop'â

орд

muka

кулчақанд

kruassan

кулчақанд

buločka

нон

hleb

як порча нони бирён

tost

кулчачаҳои қандин

pečen'e

маска

maslo

творог

tvorog

пирог

pirog

тухм

âjco

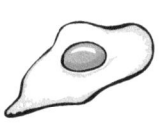

тухм бирён

âičnica

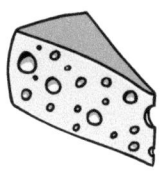

панир

syr

яхмос

moroženoe

шакар

sahar

асал

mëd

мураббо

marmelad

хамираи ҳалво

krem s nugoj

Curry

karri

ферма

ferma

хонаи деҳот
krest'ânskij dom
анборхона
saraj
тойи коҳ
tûk iz solomy
дашт
pole
асп
lošad'
ядак
pricep
трактор
traktor
тойча
žerebënok
хар
гӯсфанд
ovca
баррача
âgnënok

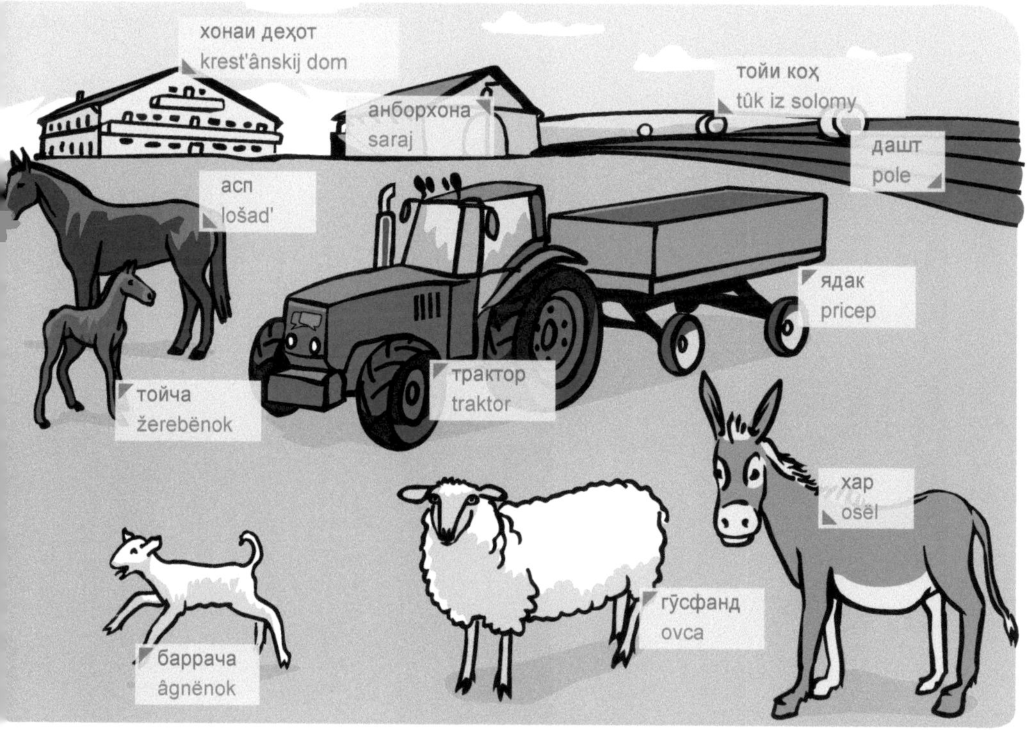

буз
koza

гов
korova

гӯсола
telënok

хук
svin'â

хукча
porosënok

буққа
byk

қоз

gus'

мурғобӣ

utka

чӯҷа

cyplënok

мурғ

kurica

хурӯс

petuh

каламуш

krysa

гурба

koška

муш

myš'

барзагов

vol

саг

sobaka

хоначаи саг

konura

рӯдаи резинӣ

sadovyj šlang

камобӣ метавонад

lejka

дос

kosa

сипори шудгоркунии замин

plug

доси

serp

каланд

motyga

панҷшоха

navoznye vily

табар

topor

ароба

tačka

охур

koryto

зарфи ширгирй

bidon dlâ moloka

халта

mešok

девор

zabor

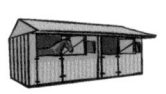

мӯътадил

hlev

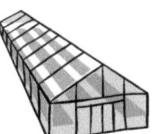

гармхона

teplica

хок

počva

тухмӣ

posev

нуриҳо

udobrenie

комбайни ғаллағундорӣ

kombajn

ҳосил

sobirat' urožaj

ҳосил

urožaj

yams

âms

гандум

pšenica

лубиж

soâ

картошка

kartofel'

ҷуворӣ

kukuruza

донаи маъсар

raps

дарахти мева

fruktovoe derevo

manioc

maniok

ғалладона

zlaki

хона

dom

дудбаро
dymohod
бом
kryša
нова
vodostočnyj želob
тиреза
okno
гараж
garaž
занги дар
zvonok
дар
dver'
ахлотқуттӣ
musornoe vedro
қуттии почта
počtovyj âŝik
боғ
sad

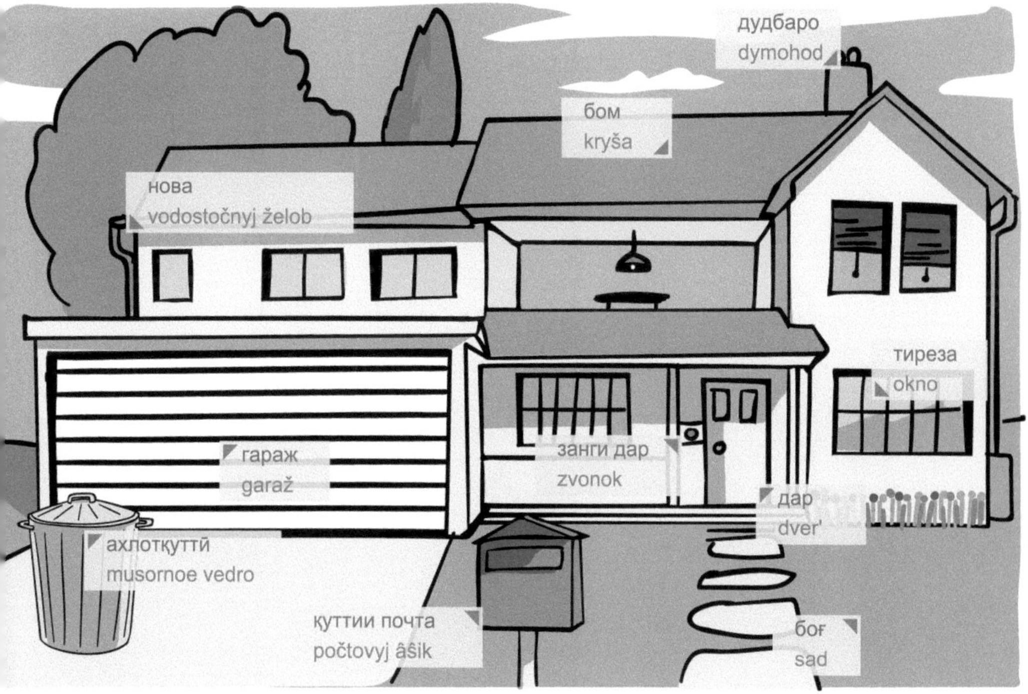

мехмонхона

gostinaâ

ҳамом

vannaâ komnata

ошхона

kuhnâ

хонаи хоб

spal'nâ

ҳуҷраи кӯдакона

detskaâ komnata

ошхона

stolovaâ

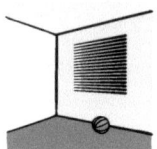

ошёна

pol

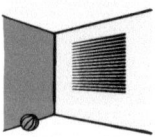

девор

stena

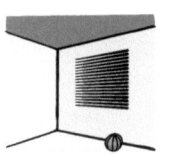

шифт

potolok

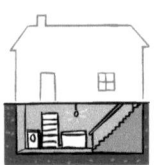

тагзаминӣ

podval

сауна

sauna

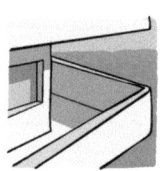

балкон

balkon

суфача

terrasa

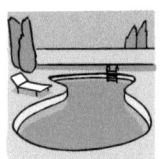

ҳавз

bassejn

мошини алафдарав

gazonokosilka

варақ

pododeâl'nik

кампал

pokryvalo

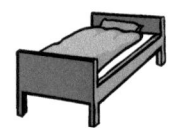

кат

krovat'

ҷорӯб

metla

сатил

vedro

калид

vyklûčatel'

мехмонхона

gostinaâ

зардеворӣ
oboi
расм
risunok
лампа
lampa
рафи китобмонӣ
polka
ҷевони зарфҳо
škaf
телевизор
televizor
оташдон
kamin
гул
cvetok
болишт
poduška
диван
divan
гулдон
vaza
пулт
pul't distancyonnogo upravleniâ

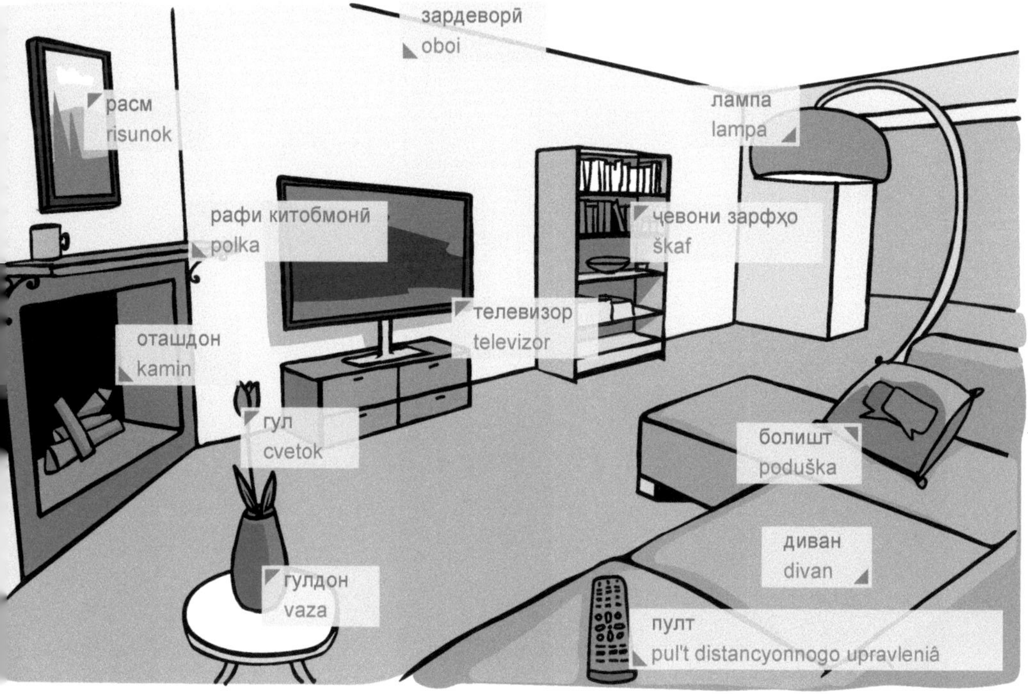

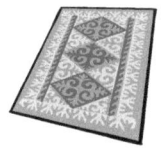

қолин

kovër

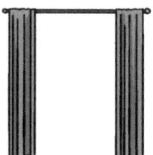

парда

štora

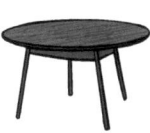

мизи

stol

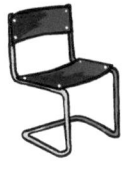

курсӣ

stul

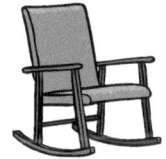

rocking кафедраи

kreslo-kačalka

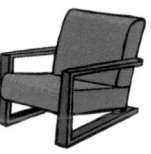

курсӣ

kreslo

китоб

kniga

курпа

pokryvalo

ороиш

ukrašenie

ҳезум

drova

филм

fil'm

дастгоҳи hi-fi

stereosistema

калид

klûč

рӯзнома

gazeta

расм

kartina

эълон

plakat

радио

radio

китобчаи қайдҳо

bloknot

чангкашак

pylesos

кактус

kaktus

шам

sveča

ошхона
kuhnâ

яхдон
holodil'nik
тафдон
mikrovolnovaâ peč'
тарозу
kuhonnye vesy
тостер
toster
хокаи либосшӯи
moûŝee sredstvo
отащдон
duhovka
яхдон
morozilka
ахлотқуттӣ
musornoe vedro
зарфшӯяк
posudomoečnaâ mašyna

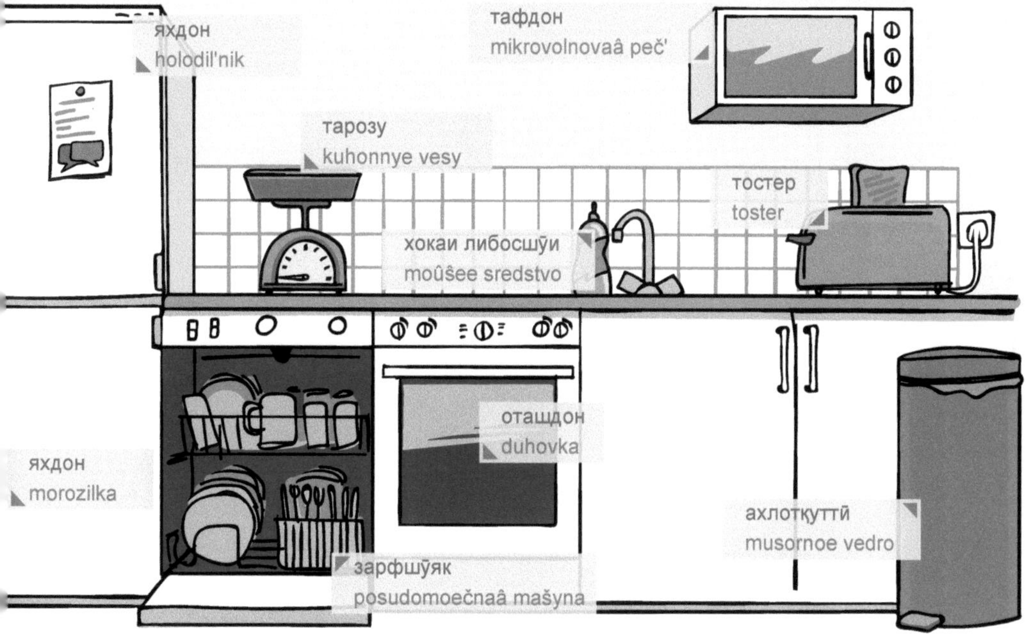

плита

plita

тубак

kastrûlâ

дег

čugunnyj kotelok

дег / кадӣ

vok / kadaj

тоба

skovoroda

чойник

čajnik

steamer

parovarka

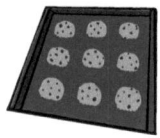

лист

protiven'

зарф

posuda

кружка

kružka

коса

miska

чубаки хурокхӯрӣ

paločki dlâ edy

кафлези

polovnik

кафлези ҳамвор

lopatka

whisk

sbivalka

strainer

sito

элак

sito

турбтарошак

tërka

миномет

stupka

Кабоб Кардан

gril'

оташ кушод

kostër

тахтаи резакунӣ

doska

чӯба

skalka

пӯккашак

štopor

банка

žestânaâ banka

консервокушояк

konservnyj nož

дастак

prihvatka

дастшӯяк

rakovina

чӯтка

ŝetka

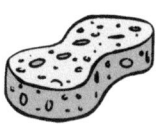

исфанҷ

gubka

блендер

mikser

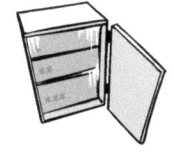

сармодон

morozil'naâ kamera

шишача

butyločka dlâ kormleniâ

ҷумак

kran

ҳамом

vannaâ komnata

гармидиҳӣ
otoplenie
душ
duš
сачоқ
polotence
пардаи душ
duševaâ zanaveska
ваннаи кафкдор
penistaâ vanna
ванна
vanna
истакон
stakan
мошини ҷомашӯӣ
stiral'naâ mašyna
kran
фарши кошинкорӣ
plitka
тубак
goršok
дастшӯяк
rakovina

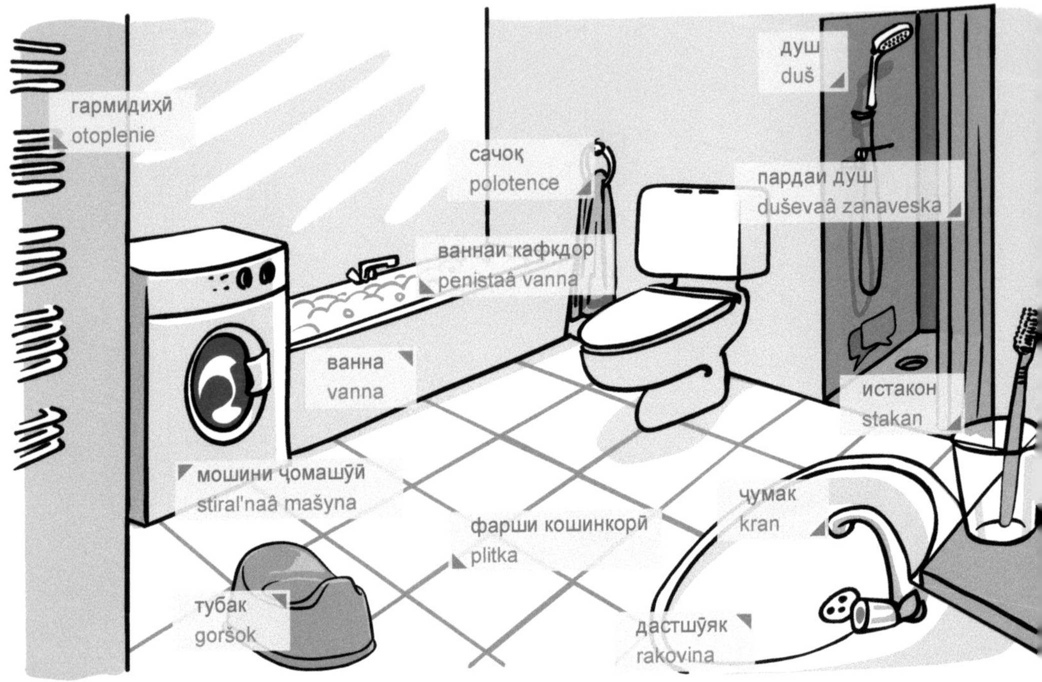

ҳоҷатхона

tualet

нишастгоҳи халоҷои рӯйфаршӣ

napol'nyj unitaz

биде

bide

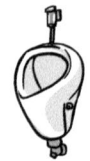

ҳоҷатхонаи мардона

pissuar

коғази ташноб

tualetnaâ bumaga

чӯткаи ҳоҷатхона

eršyk

дандоншӯяк

zubnaâ ŝetka

хамираи дандоншӯи

zubnaâ pasta

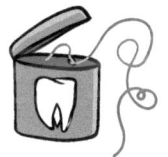

риштаи дандонтозакунӣ

zubnaâ nit'

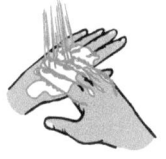

шӯстан

myt'

души дастӣ

ručnoj duš

обшӯӣ

intimnyj duš

ҳавза

taz

шона кардани мӯй

ŝetka dlâ spiny

собун

mylo

гел барои душ

gel' dlâ duša

шампун

šampun'

бумазӣ

močalka

заҳкаш

stok

крём

krem

дезодорант

dezodorant

оина

zerkalo

оинаи дастӣ

ručnoe zerkalo

риштарошаки барқи

britva

кафк барои риштарошӣ

pena dlâ brit'â

оби мушкини баъди риштарошӣ

los'on posle brit'â

шона

rasčeska

чӯтка

ŝetka

мӯйхушкунак

fen

лак барои мӯй

lak dlâ volos

косметика

kosmetika

лабсурхкунак

gubnaâ pomada

лок барои нохун

lak dlâ nogtej

пахта

vata

қайчии нохунгирӣ

manikûrnye nožnicy

атриёт

duhi

ҷузвдони косметики

kosmetička

қазои ҳоҷат

taburetka

тарозу

vesy

хилъат

halat

дастпӯшак резина

rezinovye perčatki

тампон

tampon

дастмоли санитарӣ

gigieničeskaâ prokladka

био-ҳоҷатхона

biotualet

ҳуҷраи кӯдакона

detskaâ komnata

соати рӯимизии зангдор
budil'nik
бозичаи мулоим
mâgkaâ igruška
мошини бозича
igrušečnyj avtomobil'
тиқ-тиқ кардан
pogremuška
хоначаи бозичагӣ
kukol'nyj domik
ҳузур
podarok

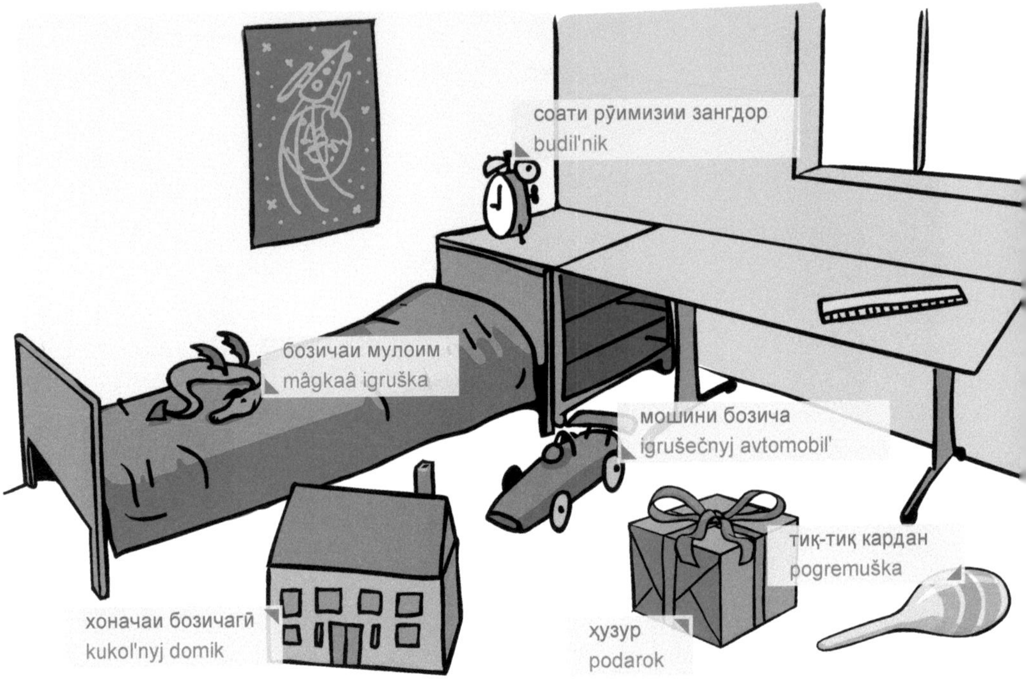

пуфак

vozdušnyj šar

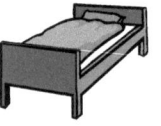

кат

krovat'

аробочаи кудакона

detskaâ kolâska

маҷмӯи кортҳо

kartočnaâ igra

бозии муамоёбӣ

pazl

комикс

komiks

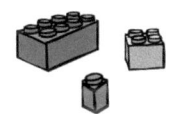

хиштҳои лего

kirpičiki Lego

мағозаи бозичафурӯхтан

kubiki

рақам амал

igrušečnaâ figurka

либоси ғаваккашӣ

polzunki

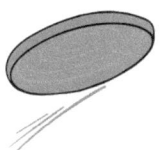

фрисби

frisbi

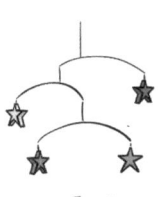

мобилӣ

mobile

лавҳачаи бозӣ

nastol'naâ igra

кубик

kubik

маҷмӯи модели қатора

model' železnoj dorogi

пистонак

soska

ҳизб

večerinka

китоби расм

kniga s kartinkami

тӯб

mâč

лухтак

kukla

бози кардан

igrat'

қуттии рег

pesočnica

арғунчак

kačeli

бозича

igruška

консоли бозиҳои видеой

igrovaâ pristavka

велосипеди сечарха

trëhkolesnyj velosiped

хирсаки бахмалии патдор

plûševyj medvežonok

ҷевон

škaf dlâ odeždy

либос
odežda

ҷуроб

noski

ҷуроби соқбаланд

čulki

колготки

kolgotki

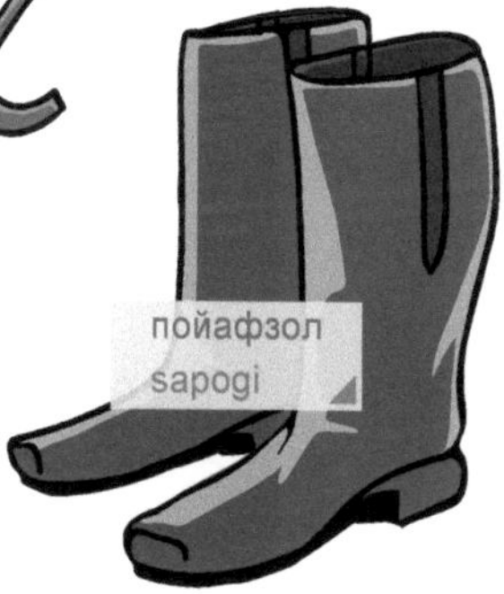

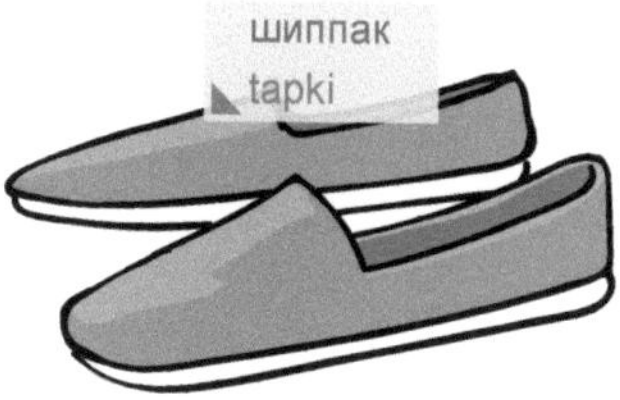

гарданпеч
šarf

чатр
zontik

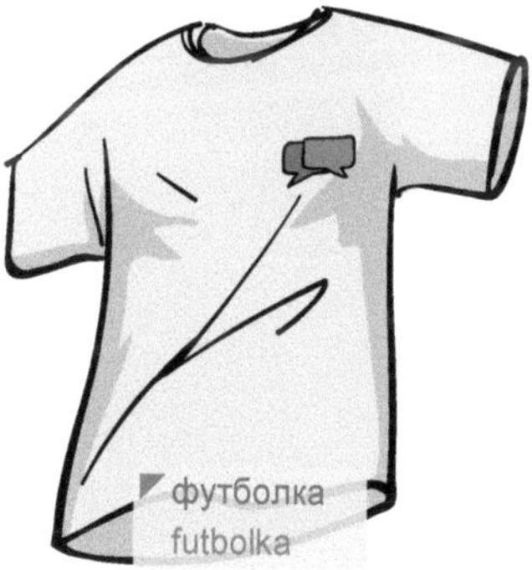

футболка
futbolka

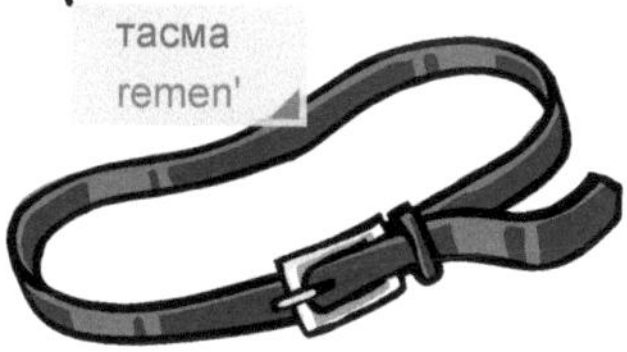

тасма
remen'

пойафзол
sapogi

шиппак
tapki

кроссовки
krossovki

босоножкӣ

sandalii

пойафзол

botinki

музаи резинӣ

rezinovye sapogi

турсӣ

trusy

синабанд

bûstgal'ter

майка

majka

бадан

bodi

шим

brûki

ҷинс

džynsy

юбка

ûbka

куртаи нимтаи занона

bluzka

курта

rubaška

свитер

sviter

свитер

sviter

пиҷак

sportivnaâ kurtka

нимтана

žaket

палто

pal'to

плаш

plaŝ

костюм

kostûm

куртаи занона

plat'e

либос тӯйи

svadebnoe plat'e

костюм

mužskoj kostûm

куртаи хоб

nočnaâ soročka

пижама

pižama

Сари

sari

рӯймол

platok

салла

tûrban

ниқобу

parandža

кафтан

kaftan

абая

abajâ

либоси обозӣ

kupal'nik

эзорчаи шиноварии мардона

plavki

шорти

šorty

либоси варзишӣ

sportivnyj kostûm

пешбанд

fartuk

дастпӯшак

perčatki

тугма

pugovica

айнак

očki

дастпона

braslet

гарданбанд

cepočka

ангуштарин

kol'co

гӯшвора

ser'ga

кулоҳ

šapka

либосовезак

vešalka

кулоҳ

šlâpa

галстук

galstuk

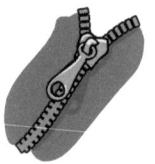

занҷирак

zastežka molniâ

тоскулоҳ

šlem

шимбардор

podtâžki

либоси мактабӣ

škol'naâ forma

либоси

forma

пешгир

detskij nagrudnik

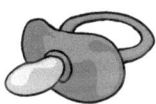

пистонак

soska

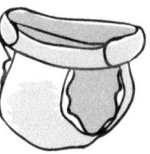

подгузник

podguznik

идора

ofis

сервер
server
чевони ҳуҷҷатмонӣ
kancelârskij škaf
принтер
printer
коғаз
bumaga
монитор
monitor
мизи хатнависӣ
pis'mennyj stol
мушак
myš'
ҷузъгир
papka
клавиатура
klaviatura
сабади партофҳои коғазӣ
korzina dlâ bumag
копютер
komp'ûter
курсӣ
stul

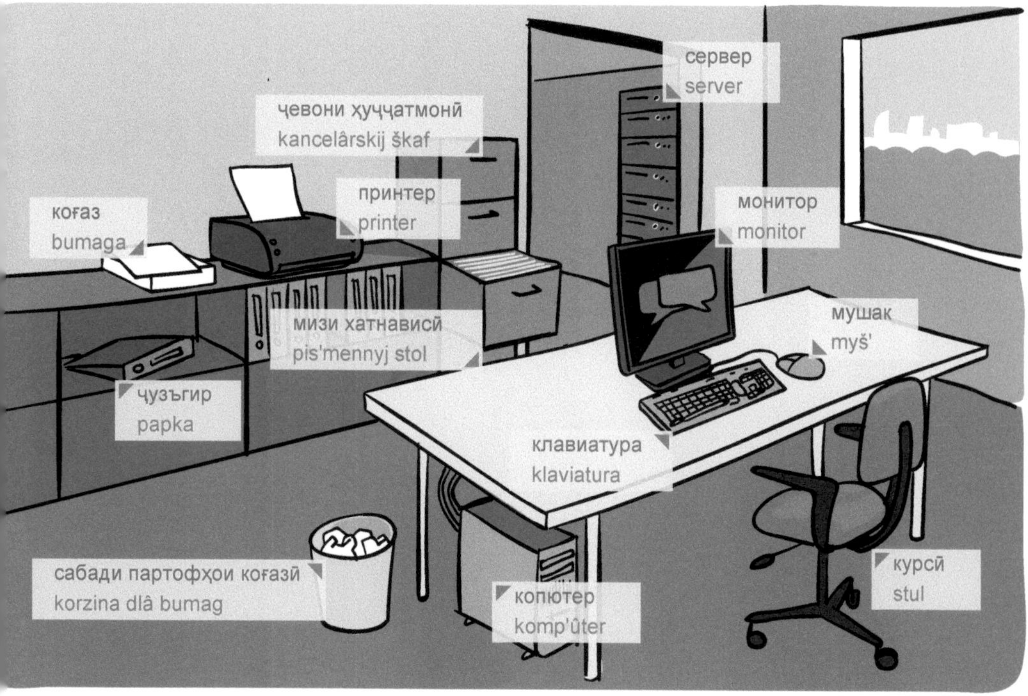

кружкаи қаҳванӯшӣ

kofejnaâ kružka

калкулятор

kal'kulâtor

интернет

internet

ноутбук

noutbuk

мактуб

pis'mo

хабар

soobŝenie

телефони мобилӣ

mobil'nyj telefon

шабака

set'

нусхабардор

kseroks

нармафзор

programma

телефон

telefon

розетка

rozetka

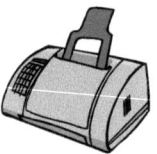

факс

faks

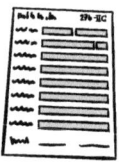

шакл

formulâr

ҳуҷҷат

dokument

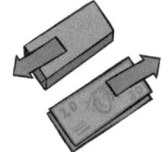

харидан

pokupat'

пардохт

platit'

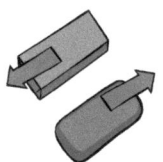

савдо

torgovat'

пул

den'gi

доллар

dollar

евро

evro

йен

iena

рубл

rubl'

франки швейцариягӣ

frank

юан

žèn'min'bi ûan'

рупӣ

rupiâ

нуқтаи нақд

bankomat

нуқтаи мубодилаи асъор

punkt obmena valûty

тилло

zoloto

нуқра

serebro

равғани растанӣ

neft'

энерги

ènergiâ

нарх

cena

шартнома

dogovor

андоз

nalog

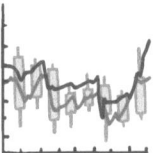

саҳмия

akcyâ

кор

rabotat'

хизматчӣ

služaŝij

соҳибкор

rabotodatel'

завод

fabrika

сехи

magazin

касбҳо
professii

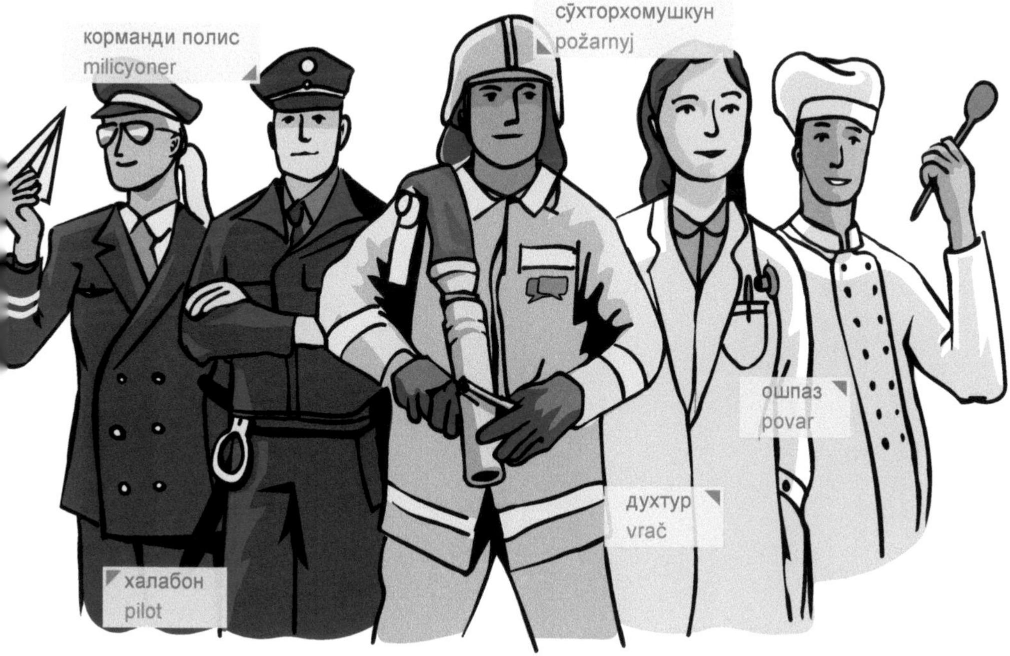
корманди полис
milicyoner
сӯхторхомушкун
požarnyj
ошпаз
povar
духтур
vrač
халабон
pilot

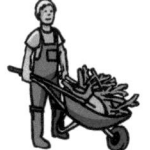

боғбон

sadovnik

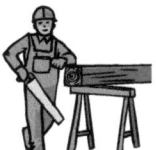

чӯбтарош

stolâr

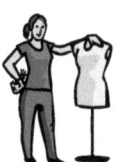

дӯзанда

šveâ

судя

sud'â

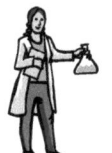

кимиёшинос

himik

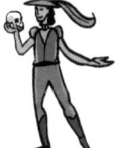

актер

aktër

ронандаи автобус

voditel' avtobusa

таксист

taksist

моҳигир

rybak

фаррошзан

uborŝica

устои бомпӯш

krovel'ŝik

пешхизмат

oficyant

шикорчӣ

ohotnik

расом

hudožnik

нонвой

pekar'

барқ

èlektrik

сохтмончӣ

stroitel'

инженер

inžener

қассоб

mâsnik

устои шабакаи об

santehnik

хаткашон

počtal'on

сарбоз

soldat

меъмор

arhitektor

кассир

kassir

гулфурӯш

florist

сартарош

parikmaher

кондуктор

konduktor

механик

mehanik

капатан

kapitan

духтури дандон

zubnoj vrač

олим

učenyj

хохом

ravvin

имом

imam

шайх

monah

саркоҳин

svâŝennik

асбобҳо

instrumenty

анбӯри паҳннӯл
ploskogubcy
болғача
molotok
мурваттобак
otvërtka
фонуси дастӣ
karmannyj fonari
калиди гайкатобӣ
gaečnyj klûč

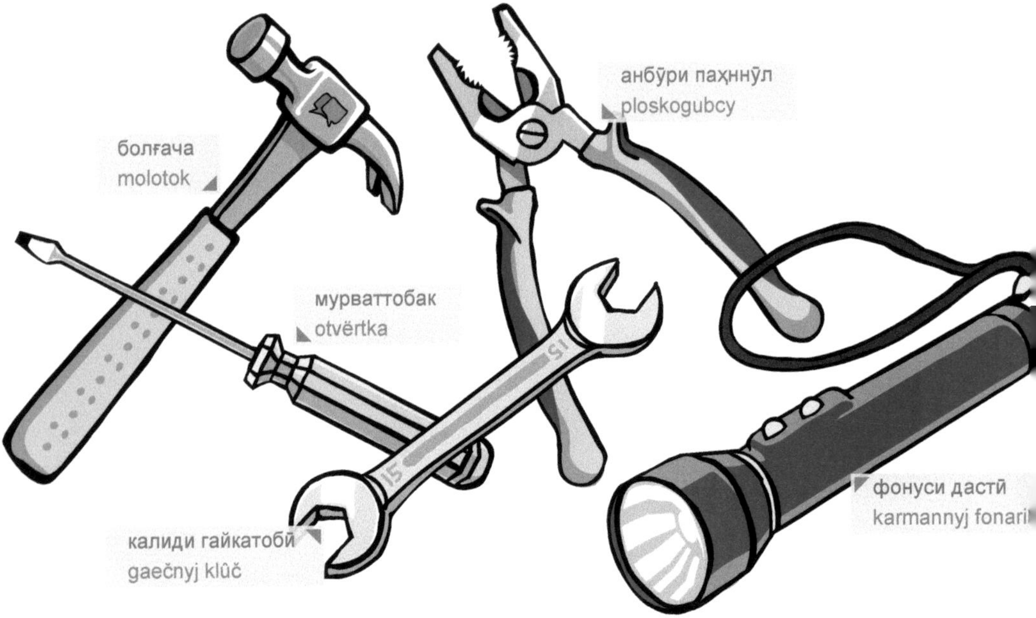

экскаватор

èkskavator

қутии асбобҳо

âŝik dlâ instrumentov

зинапоя

stremânka

арра

pila

мехҳо

gvozdi

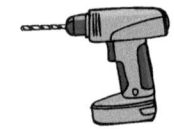

пармаи электрикӣ

drel'

таъмир

remontirovat'

бел

lopata

Сабил монад!

Blin!

белчаи хокрӯбагирӣ

sovok

сатили ранг

vedro s kraskoj

мехи печдор

vinty

асбобҳои мусиқӣ
muzykal'nye instrumenty

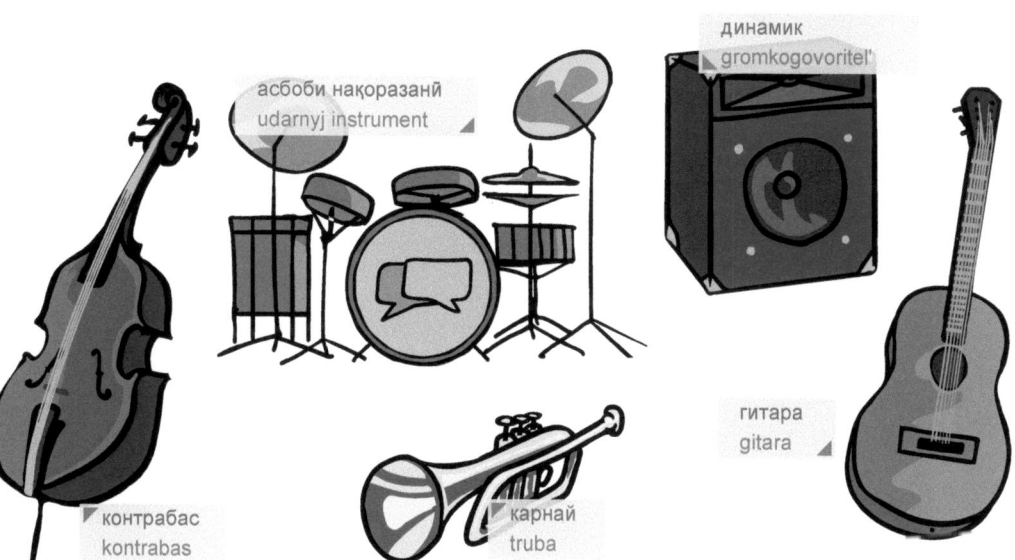

динамик
gromkogovoritel'

асбоби нақоразанӣ
udarnyj instrument

гитара
gitara

контрабас
kontrabas

карнай
truba

пианино

pianino

ғиҷҷак

skripka

бас-гитара

bas-gitara

нақораи поядор

litavry

нақора

baraban

клавиатура

sintezator

саксофон

saksofon

най

flejta

баландгӯяд

mikrofon

боғи ҳайвонот

zoopark

паланг
tigr
даромад
vhod
қафас
kletka
гӯрхар
zebra
хӯроки чорво
korm
панда
panda

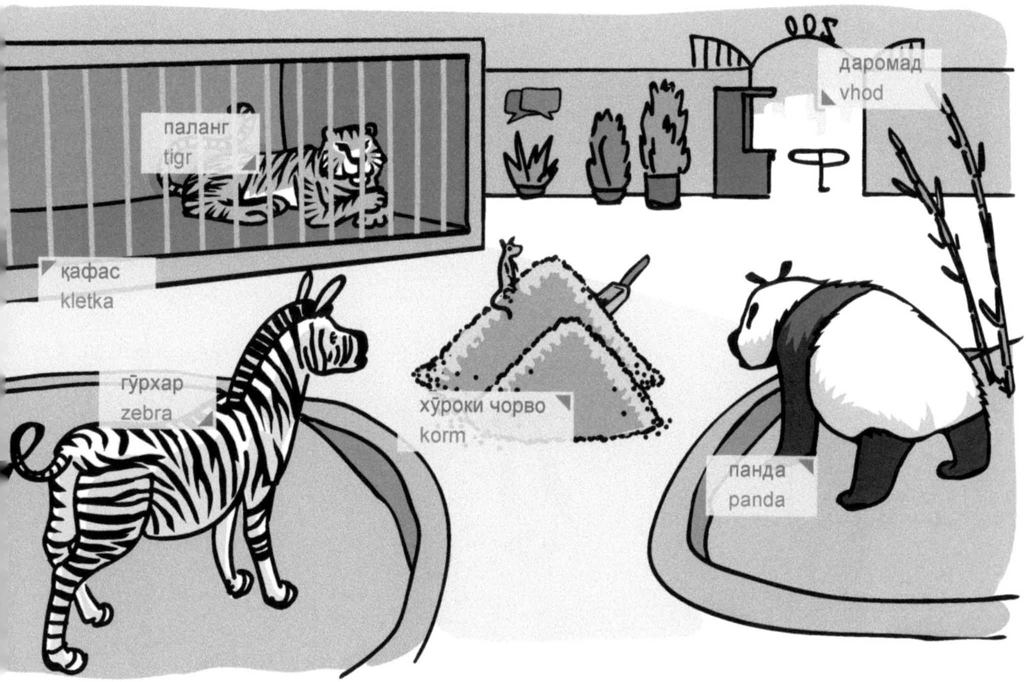

ҳайвонот

žyvotnye

фил

slon

кенгуру

kenguru

каркадан

nosorog

горилла

gorilla

хирси бӯр

medved'

шутур

verblûd

шутурмурғ

straus

шер

lev

маймун

obez'âna

бутимор

flamingo

тӯти

popugaj

хирси сафед

belyj medved'

пингвин

pingvin

наҳанг

akula

товус

pavlin

мор

zmeâ

тимсоҳ

krokodil

посбон

služytel' zooparka

сил

tûlen'

ягуар

âguar

аспи кӯтоҳқад

poni

леопард

leopard

баҳмут

begemot

заррофа

žyraf

уқоб

orël

хуки ваҳшӣ

kaban

моҳӣ

ryba

сангпушт

čerepaha

морж

morž

рӯбоҳ

lisa

ғизол/оҳу

gazel'

варзиш
sport

футболи амрикои
amerikanskij futbol
велосипедронӣ
ezda na velosipede
теннис
tennis
баскетбол
basketbol
шиноварӣ
plavanie
бокс
boks
хоккей
hokkej

футбол

futbol

бадмингтон

badminton

атлетика

lëgkaâ atletika

гандбол

gandbol

лижаронӣ

lyžnyj sport

тӯббозӣ бо асп

polo

фаъолият
dejstviâ

ханда
smeât'sâ
паридан
prygat'
оғӯш гирифтан
obnimat'
пиёда рафтан
idti
шеър хондан
pet'
орзӯ кардан
mečtat'
ибодат кардан
molit'sâ
бӯса кардан
celovat'

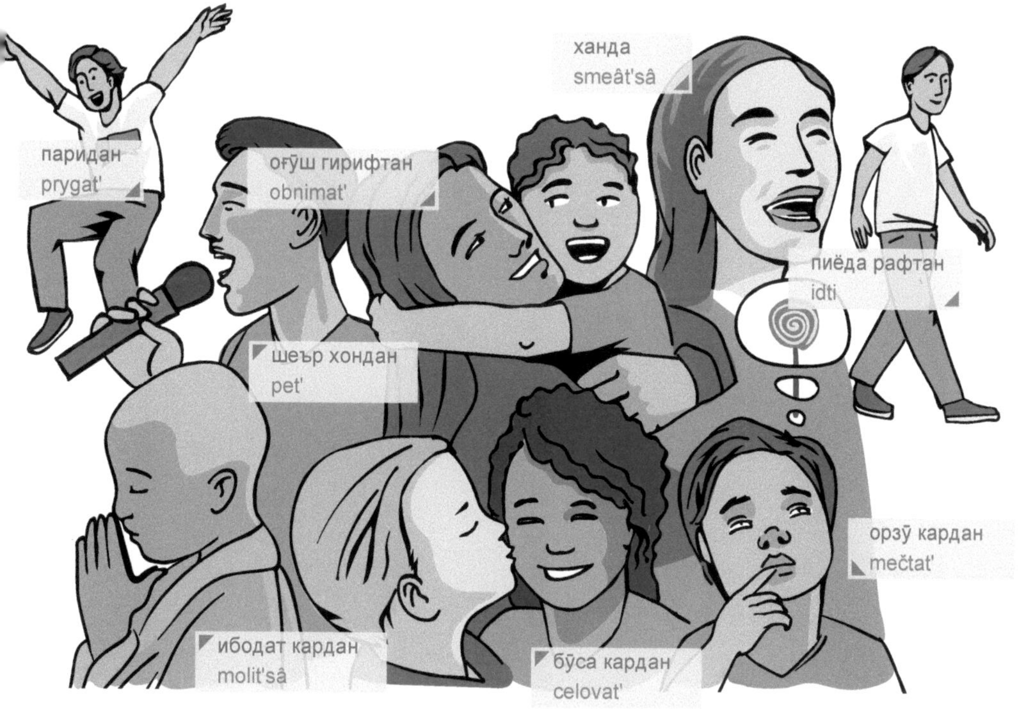

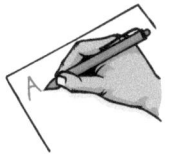

навиштан

pisat'

кашидан

risovat'

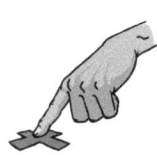

нишон додан

pokazyvat'

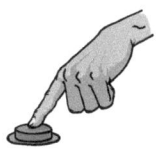

тела додан

nažymat'

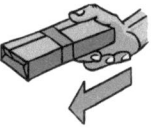

додан

davat'

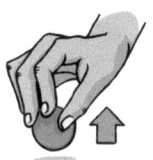

гирифтан

brat'

доранд

imet'

кор

delat'

бошад

byt'

истодан

stoât'

давидан

bežat'

кашидан

tânut'

партофтан

brosat'

афтидан

padat'

дароз кашидан

ležat'

интизор шудан

ždat'

бардошта бурдан

nosit'

нишастан

sidet'

либос пӯшидан

nadevat'

хобин

spat'

бедор шудан

prosypat'sâ

нигоҳ кардан

rassmatrivat'

гиря кардан

plakat'

сила кардан

gladit'

шона

pričesyvat'

гап задан

govorit'

фаҳмидан

ponimat'

пурсидан

sprašyvat'

гӯш кардан

slušat'

нӯштдан

pit'

хӯрдан

kušat'

ғундоштан

navodit' porâdok

ишқ

lûbit'

ошпаз

gotovit'

рондан

ehat'

парвоз кардан

letat'

бо бодбон ҳаракат кардан

hodit' pod parusom

ҳисоб кардан

sčitat'

хондан

čitat'

омӯхтан

učit'sâ

кор

rabotat'

оиладор шудан

vstupat' v brak

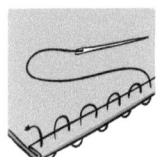

дӯхтан

šyt'

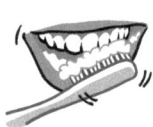

дадон шӯстан

čistit' zuby

куштан

ubivat'

дуд

kurit'

фиристодан

otpravlât'

оила

sem'â

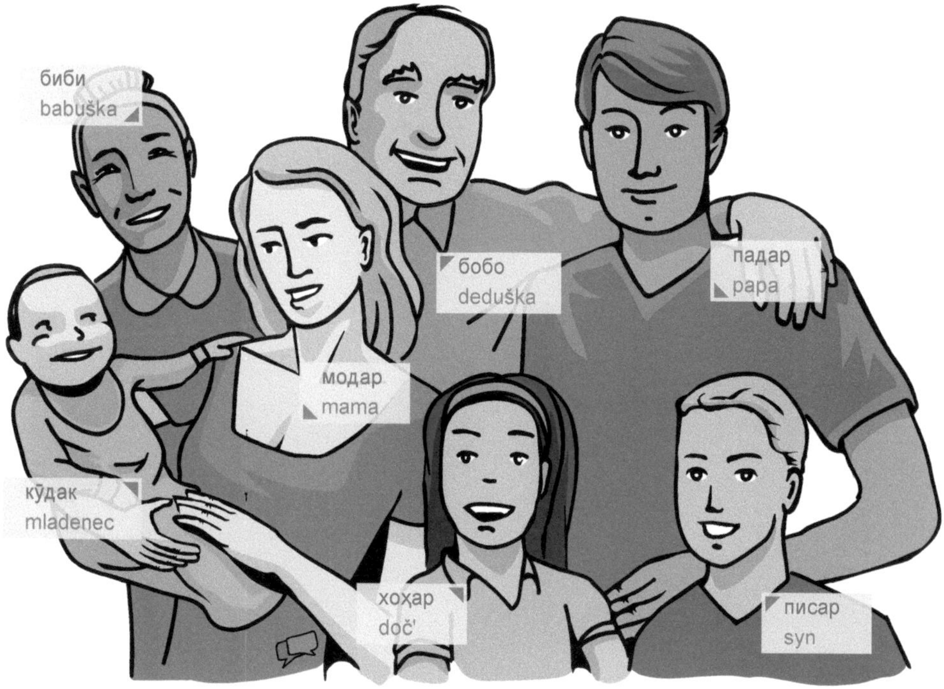

биби
babuška
бобо
deduška
падар
papa
модар
mama
кӯдак
mladenec
хоҳар
doč'
писар
syn

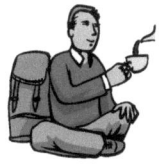

меҳмон

gost'

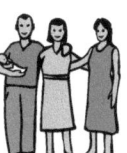

хола

tetâ

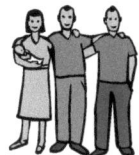

амак

dâdâ

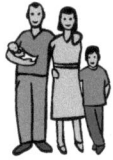

бародар

brat

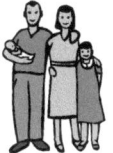

хоҳар

sestra

бадан

telo

пешонӣ
lob
чашм
glaz
рӯй
lico
манаҳ
podborodok
ангушт
palec
панҷаи даст
kist'
китф
plečo
пой
noga
қафаси сина
grud'
даст
ruka

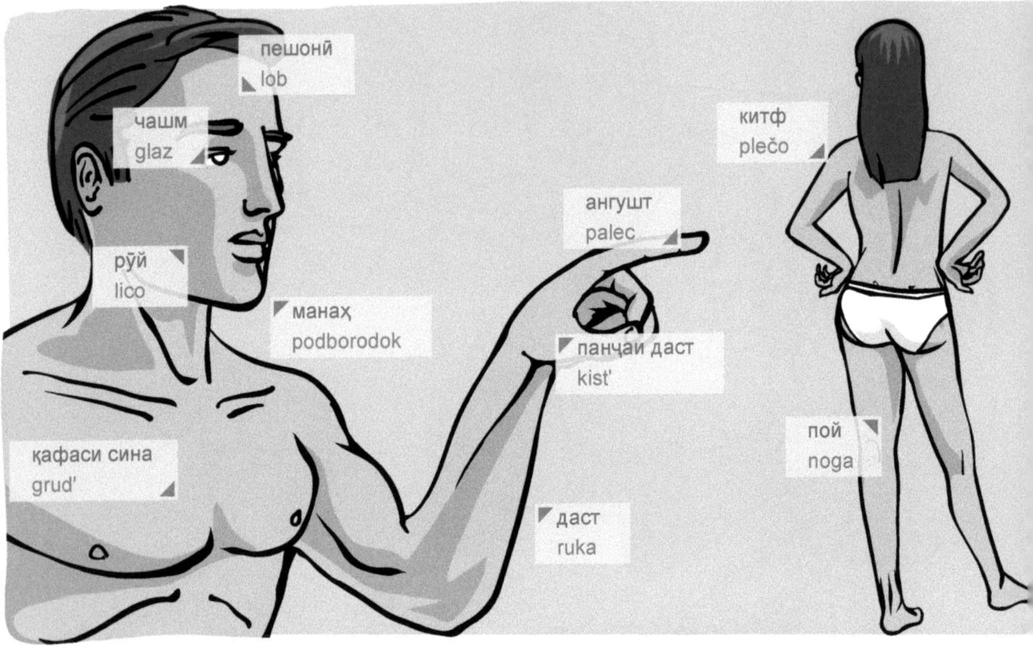

кӯдак

mladenec

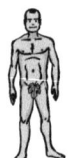

мард

mužčina

зан

ženŝina

духтар

devočka

писар

mal'čik

сар

golova

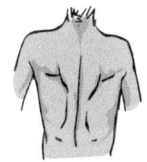

пушт

spina

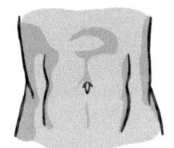

шикам

žyvot

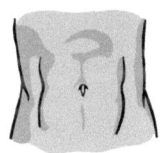

ноф

pupok

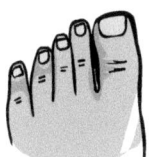

ангушти пой

palec nogi

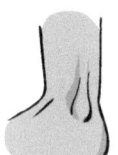

пошнаи пой

pâtka

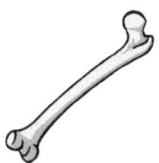

устухон

kost'

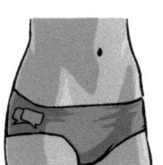

рон

bedro

зону

koleno

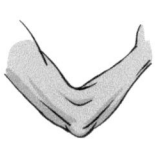

оринҷ

lokot'

бинӣ

nos

таг

âgodicy

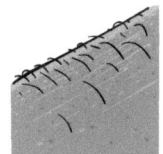

пӯст

koža

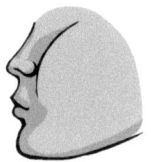

рухсора

ŝeka

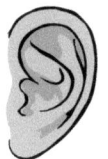

гӯш

uho

лаб

guba

даҳон

rot

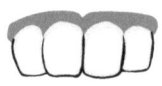

дадон

zub

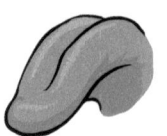

забон

âzyk

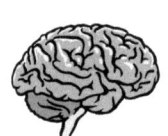

майнаи сар

mozg

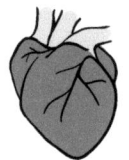

дил

serdce

мушак

myšca

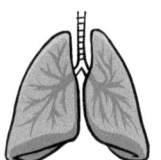

шуш

lëgkoe

ҷигар

pečen'

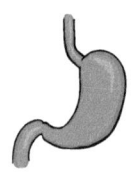

меъда

želudok

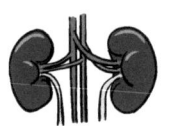

гурдаҳо

počki

алоқаи ҷинсӣ

polovoj akt

рифола

prezervativ

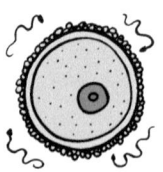

тухмҳуҷайра

âjcekletka

нутфа

sperma

ҳомиладорӣ

beremennost'

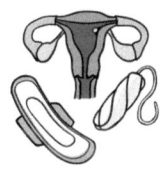

ҳайз

menstruacyâ

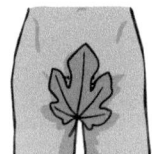

маҳбал

vagina

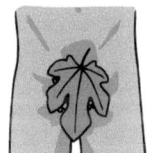

кер

penis

абрӯ

brov'

мӯй

volosy

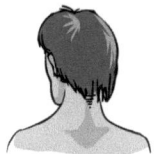

гардан

šeâ

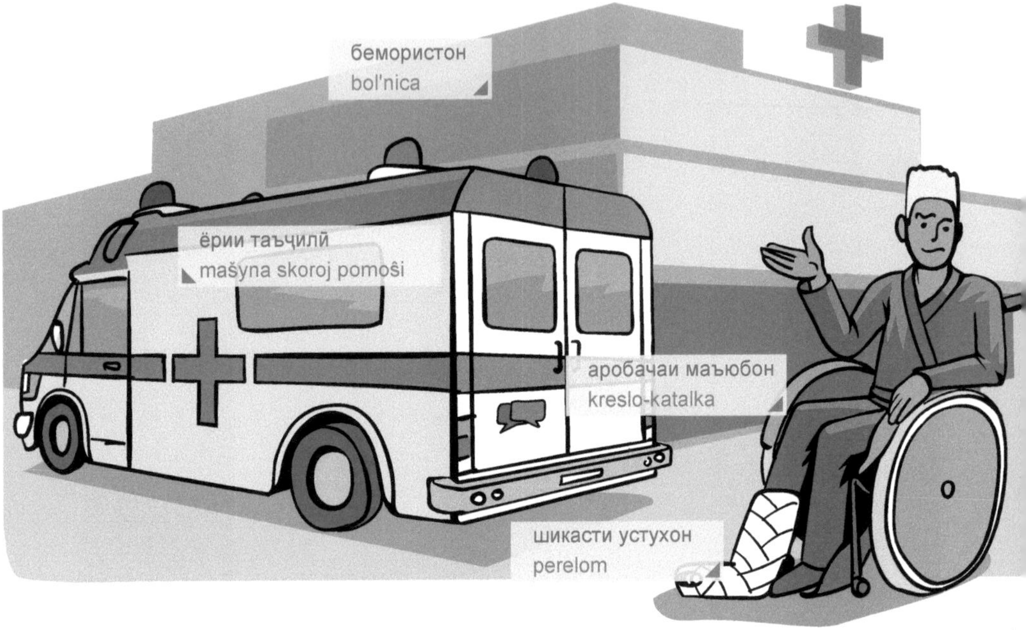

бемористон

bol'nica

ёрии таъҷилӣ
mašyna skoroj pomoŝi
аробачаи маъюбон
kreslo-katalka
шикасти устухон
perelom

духтур

vrač

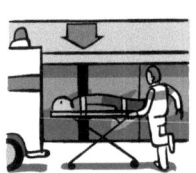

ҳуҷраи ёрии фаврӣ

punkt pervoj pomoŝi

ҳамшираи тиббӣ

medsestra

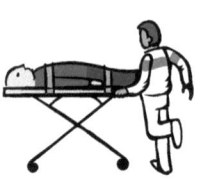

ҳолати фавқулодда

neotložnyj slučaj

беҳуш

bez soznaniâ

дард

bol'

ҷароҳат

povreždenie

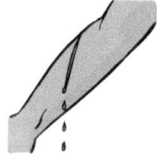

хунравӣ

krovotečenie

дилзанак

infarkt

сактаи майна

insul't

аллергия

allergiâ

сулфа

kašel'

табларза

povyšennaâ temperatura

грипп

gripp

шикамравӣ

ponos

сардард

golovnaâ bol'

саратон

rak

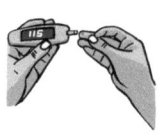

диабет

diabet

ҷарроҳ

hirurg

скалпел

skal'pel'

ҷарроҳӣ

operacyâ

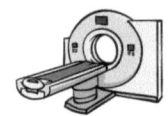

Томографияи компютерӣ

KT

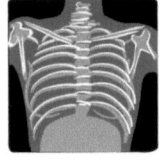

шӯъои ренгенӣ

rentgen

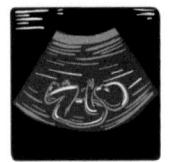

ултрасадо

ul'trazvuk

ниқоби рӯй

maska

беморӣ

bolezn'

ҳуҷраи интизорӣ

priëmnaâ

асобағал

kostyl'

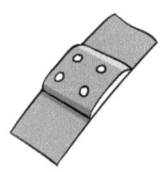

марҳам

plastyr'

дока

bint

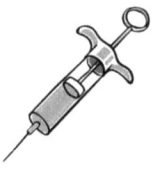

сӯзандору

ukol

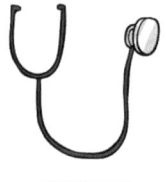

стетоскоп

stetoskop

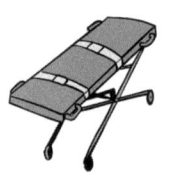

занбар

nosilki

ҳароратсанҷ

termometr

таваллуд

roždenie

вазни зиёдатӣ

izbytočnyj ves

тачҳизоти шунавой

sluhovoj apparat

моддаи безараргардонӣ

dezinfekcyonnoe sredstvo

инфексия

infekcyâ

вирус

virus

ВИЧ / СПИД

VIČ / SPID

дору

lekarstvo

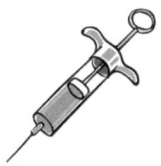

ваксинатсия

privivka

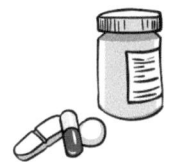

ҳабҳо

tabletki

ҳаб

protivozačatočnaâ tabletka

занги изтирорӣ

èkstrennyj vyzov

монитори фишори хун

pribor dlâ izmereniâ krovânogo davleniâ

бемор/солим

bol'noj / zdorovyj

ҳолати фавқулодда
neotložnyj slučaj

Кумак!

Pomogite!

ҳушдор

signal trevogi

ҳуҷум

napadenie

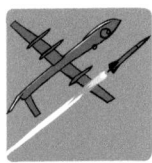

ҳамла

ataka

хатар

opasnost'

баромадгоҳи таҳлиявӣ

zapasnoj vyhod

Сӯхтор!

Požar!

оташнишон

ognetušytel'

садама

nesčastnyj slučaj

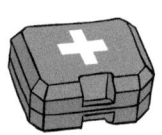

дорuқуттӣ

aptečka

бонги хатар

SOS

полис

milicyâ

замин
zemlâ

Аврупо

Evropa

Америкаи Шимолӣ

Severnaâ Amerika

Америкаи Ҷанубӣ

Ûžnaâ Amerika

Африка

Afrika

Осиё

Aziâ

Австралия

Avstraliâ

Уқёнуси Атлантик

Atlantičeskij okean

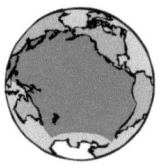

Уқёнуси Ором

Tihij okean

Уқёнуси Ҳинд

Indijskij okean

Уқёнуси Антарктика

Antarktičeskij okean

Уқёнуси Арктика

Severnyj Ledovityj okean

Қутби шимол

Severnyj polûs

Қутби ҷануб

Ûžnyj polûs

Антарктика

Antarktika

замин

zemlâ

замин

suša

баҳр

more

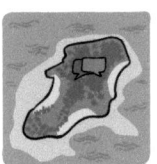

ҷазира

ostrov

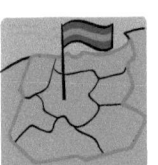

миллат

nacyâ

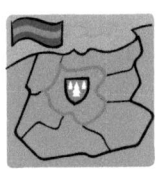

давлат

gosudarstvo

замин - zemlâ

сиферблат

cyferblat

ақрабаки соат

časovaâ strelka

ақрабаки дақиқашумор

minutnaâ strelka

ақрабаки сонияшумор

sekundnaâ strelka

Соат чанд?

Kotoryj čas?

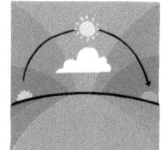

рӯз

den'

замон

vremâ

ҳозир

sejčas

соати электронӣ

èlektronnye časy

лаҳза

minuta

соат

čas

душанбе
ponedel'nik

чоршанбе
sreda

чумъа
pâtnica

MO

W

FR

TU

TH

SA

SO

шанбе
subbota

сешанбе
vtornik

панчшанбе
četverg

якшанбе
voskresen'e

дирӯз
včera

имрӯз
segodnâ

фардо
zavtra

пагоҳирӯзй
utro

нимрӯз
polden'

шом
večer

MO	TU	WE	TH	FR	SA	SU
1	2	3	4	5	6	7
8	9	10	11	12	13	14
15	16	17	18	19	20	21
22	23	24	25	26	27	28
29	30	31	1	2	3	4

рӯзҳои корй
rabočie dni

MO	TU	WE	TH	FR	SA	SU
1	2	3	4	5	6	7
8	9	10	11	12	13	14
15	16	17	18	19	20	21
22	23	24	25	26	27	28
29	30	31	1	2	3	4

истироҳат
vyhodnye

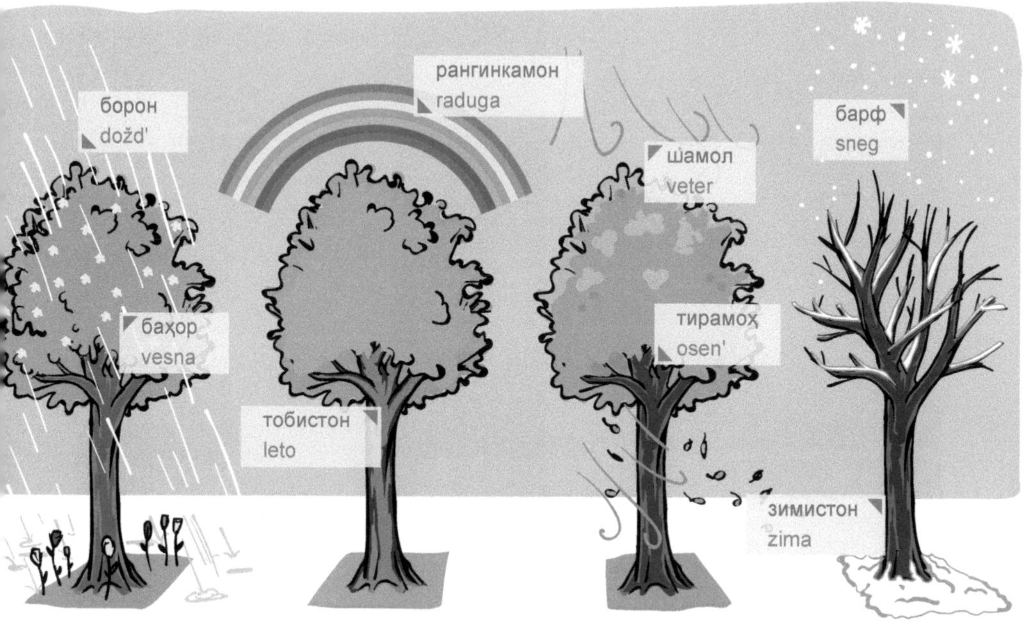

рангинкамон
raduga
борон
dožd'
шамол
veter
барф
sneg
баҳор
vesna
тирамоҳ
osen'
тобистон
leto
зимистон
zima

4.APRIL 11°
5.APRIL 4°
6.APRIL 13°
7.APRIL 8°
8.APRIL 10°

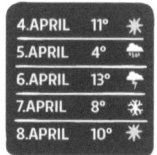

Обу ҳаво

prognoz pogody

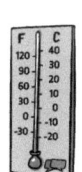

ҳароратсанҷ

termometr

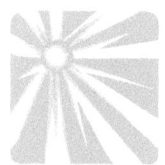

равшании офтоб

solnečnyj svet

абр

tuča

туман

tuman

намнок

vlažnost' vozduha

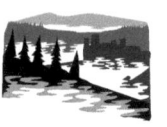

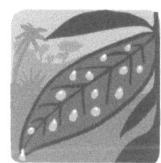

барқ

molniâ

тундар

grom

тӯфон

burâ

жола

grad

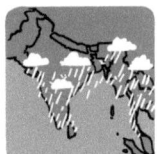

муссон

musson

обхезӣ

navodnenie

ях

lëd

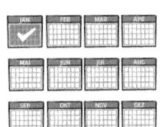

январ

ânvar'

феврал

fevral'

март

mart

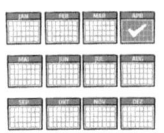

апрел

aprel'

май

maj

июн

iûn'

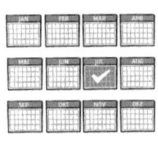

июл

iûl'

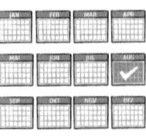

август

avgust

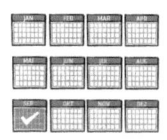

сентябр

sentâbr'

октябр

oktâbr'

ноябр

noâbr'

декабр

dekabr'

баст

formy

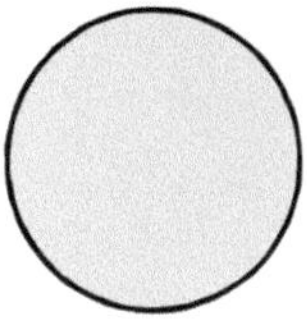

давра

krug

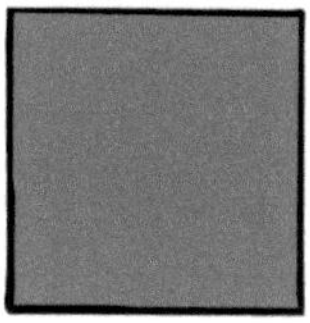

мураббаъ

kvadrat

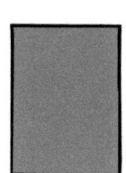

росткуньа

prâmougol'nik

секуньа

treugol'nik

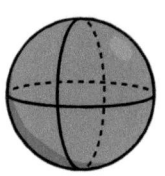

соњаи

šar

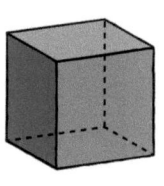

мукааб

kub

рангҳо

cveta

гулобӣ

belyj

хокистаранг

želtyj

зард

oranževyj

бунафшранг

rozovyj

сурх

krasnyj

қаҳваранг

lilovyj

кабуд

sinij

сиёҳ

zelёnyj

кабуд

koričnevyj

сафед

seryj

сабз

černyj

мухолифат
protivopoložnosti

бисёр/кам

mnogo / malo

хашмгин / ором

ârostnyj / mirnyj

зебо/безеб

krasivyj / urodlivyj

оғози / охири

načalo / konec

калон/хурд

bol'šoj / malen'kij

дурахшон / торик

svetlyj / temnyj

бародари / хоҳар

brat / sestra

тоза/чиркин

čistyj / grâznyj

пурра / нопурра

polnyj / nepolnyj

рӯзи / шаб

den' / noč'

мурдагон / зинда

mërtvyj / žyvoj

кушод/танг

šyrokij / uzkij

хӯрданӣ /
хӯрданашаванда
s"edobnyj / nes"edobnyj

бад/нек

zloj / druže'lûbnyj

ба ҳаяҷон / дилгир

vzvolnovannyj / skučaûŝij

ғавс/борик

tolstyj / hudoj

якум/охирин

snačala / v konce

Дӯсти / душмани

drug / vrag

пур/холӣ

polnyj / pustoj

сахт/мулоим

tvërdyj / mâgkij

вазнин/сабук

tâžëlyj / legkij

гуруснагӣ / ташнагӣ

golod / žažda

бемор/солим

bol'noj / zdorovyj

ғайриқонунӣ / ҳуқуқӣ

nezakonnyj / zakonnyj

соҳибақл / беақл

umnyj / glupyj

рост/чап

sleva / sprava

наздик/дур

blizko / daleko

нави / истифода бурда мешавад

novyj / poderžannyj

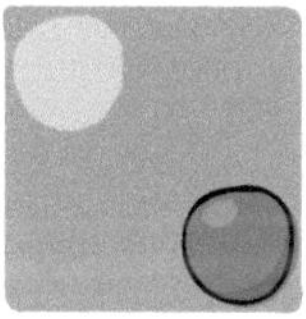

ҳеҷ / чизе

ničto / nečto

пир/ҷавон

staryj / molodoj

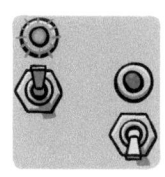

оид / хомӯш

vklûčeno / vyklûčeno

кушода/пӯшида

otkryto / zakryto

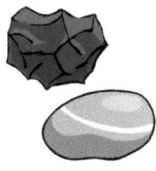

паст/баланд

tiho / gromko

бой/камбағал

bogatyj / bednyj

дуруст/нодуруст

pravil'nyj / nepravil'nyj

дурушт/ҳамвор

šerohovatyj / gladkij

ғамгин/хушбахт

pečal'nyj / sčastlivyj

кӯтоҳ/дароз

korotkij / dlinnyj

оҳиста/тез

medlennyj / bystryj

тар/хушк

mokryj / suhoj

гарм / сард

tëplyj / prohladnyj

ҷанг / сулҳ

vojna / mir

ададҳо

cyfry

0

нол

nol'

1

як

odin

2

ду

dva

3

се

tri

4

чор

četyre

5

панҷ

pât'

6

шаш

šest'

7

ҳафт

sem'

8

ҳашт

vosem'

9

нӯҳ

devât'

10

даҳ

desât'

11

ёздаҳ

odinnadcat'

12

дувоздаҳ

dvenadcat'

13

сенздаҳ

trinadcat'

14

чордаҳ

četyrnadcat'

15

понздаҳ

pâtnadcat'

16

шонздаҳ

šestnadcat'

17

ҳабдаҳ

semnadcat'

18

ҳаждаҳ

vosemnadcat'

19

нуздаҳ

devâtnadcat'

20

бист

dvadcat'

100

сад

sto

1.000

ҳазор

tysâča

1.000.000

миллион

million

забонҳо

âzyki

англисӣ

anglijskij

англисии амрикоӣ

amerikanskij anglijskij

мандарини хитоӣ

mandarinskij kitajskij

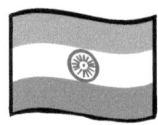

ҳиндӣ

hindi

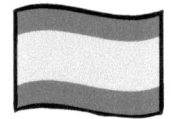

испанӣ

ispanskij

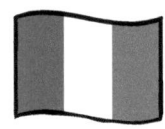

фаронсавӣ

francuzskij

арабӣ

arabskij

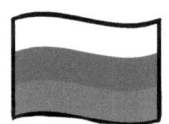

русӣ

russkij

португалӣ

portugal'skij

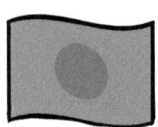

бенгалӣ

bengal'skij

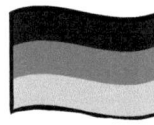

олмонӣ

nemeckij

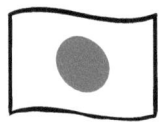

ҷопонӣ

âponskij

ки / чиро / тавр
kto / čto / kak

ман

â

шумо

ty

Ӯ / вай / он

on / ona / ono

мо

my

шумо

vy

онҳо

oni

ки?

kto?

чӣ?

čto?

Чӣ хел?

kak?

дар куҷо?

gde?

кай?

kogda?

ном

imâ

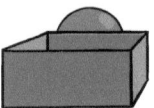

дар куҷо

gde

аз паси

za

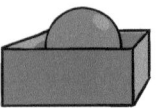

дар

v

дар пеши

pered

дар болои

nad

дар рӯи

na

дар зери

pod

дар назди

râdom

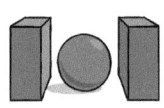

миёни

meždu

ҷой

mesto